Je ne suis pas la première, mais je suis moi.

Harmonie J.

Introduction

Ce livre est né d'un murmure intérieur. D'un moment de doute, d'un pincement dans la poitrine, d'une question que beaucoup de femmes – peut-être toi aussi – se posent sans oser la formuler à voix haute : Comment exister pleinement quand on n'est pas la première ?

Il ne s'agit pas ici de jalousie, ni de possessivité. Il s'agit d'un ressenti profond, intime, parfois douloureux. Celui d'arriver après d'autres histoires. De poser ses valises dans un cœur déjà traversé. De construire avec quelqu'un qui a déjà aimé, déjà pleuré, déjà vécu des premiers fois.

On voudrait être l'origine, la fondation, l'évidence. On voudrait être celle qui commence tout. Et pourtant, on est celle qui vient après. Pas pour remplacer. Pas pour combler. Mais pour aimer autrement.

Ce livre n'est pas un mode d'emploi pour devenir "la meilleure". Il est un chemin vers toi. Un chemin pour comprendre, guérir, et surtout, t'ancrer dans ta valeur. Il est une invitation à sortir de la comparaison pour entrer dans la vérité. La tienne.

Tu n'es pas la première. Et alors ? Tu es unique. Tu es ici. Tu es toi. Et c'est tout ce dont l'amour sain a besoin.

Alors lis ces pages comme une main tendue. Comme une déclaration de paix avec toi-même. Comme un rappel : tu mérites d'être aimée, non pas malgré les autres, mais pour qui tu es, pleinement.

Je ne suis pas la première à avoir pris place dans sa vie. D'autres l'ont aimé avant moi, ont connu ses gestes tendres, ses silences, ses fêlures. D'autres ont partagé son quotidien, ses habitudes, ses souvenirs. Et parfois, dans les recoins de mes pensées, une petite voix me murmure que je ne serai peut-être pas la dernière non plus.

Mais je suis là, maintenant.

Je ne suis pas un écho du passé, je ne suis pas une remplaçante, je suis une rencontre unique. Je suis une présence, pas une comparaison. Une page nouvelle, pas un chapitre raturé.

Il a un passé, comme j'ai le mien. Mais ce que nous construisons ensemble n'appartient à personne d'autre. Ce que nous vivons, ce que nous ressentons, c'est à nous. Inédit. Authentique.

Je n'ai pas besoin d'effacer les autres pour exister pleinement. Je n'ai pas besoin d'être la première pour être importante. Je n'ai pas besoin d'être la seule pour être irremplaçable.

Je suis moi. Avec mes forces, mes fragilités, ma lumière, mes ombres. Et si je choisis de rester, d'aimer, de me livrer, ce sera en embrassant pleinement cette vérité : il n'y a qu'une seule "moi". Et c'est suffisant.

Chapitre 1 : Les traces de celles d'avant

L'impact émotionnel de ne pas être la première.

La comparaison invisible mais pesante.

Les blessures de l'ego, les doutes, les insécurités.

La tentation de se mesurer aux ex.

Comprendre que son histoire passée ne diminue pas notre valeur.

Chapitre 2 : Me choisir dans l'amour

Revenir à soi : cultiver la confiance, l'estime, l'amour-propre.

Se libérer du besoin d'être "la meilleure", et choisir d'être soi.

Construire une relation sur le présent, pas sur les fantômes du passé.

Affirmer sa place sans jalousie, sans compétition.

Le pouvoir de l'authenticité dans l'amour.

Chapitre 3 : Être aimée pour qui je suis

L'amour vrai ne se mesure pas à l'ordre d'arrivée, mais à la qualité du lien.

Créer une relation unique, irremplaçable.

Être assez : avec ses vulnérabilités et sa lumière.

Dire « je suis moi, et c'est mon superpouvoir ».

Célébrer sa singularité et sa légitimité dans l'histoire d'amour.

Chapitre 1 : Les traces de celles d'avant

Il y a cette étrange sensation qui s'infiltre parfois, en silence, dans les moments de calme ou d'intimité. Ce sentiment de n'être pas la première. Pas la première à l'avoir fait sourire, pas la première à connaître ses habitudes, pas la première à l'aimer. Une pensée furtive, mais piquante, qui dit :

"Quelqu'un d'autre a été là, avant moi."

C'est humain. Lorsque l'on aime, on veut être spéciale, unique, première dans le cœur, dans les souvenirs, dans les émotions. On voudrait être celle qui a tout commencé, qui a tout construit. Mais souvent, on arrive après. Après les histoires précédentes, après les ruptures, parfois après les blessures.

On découvre qu'il a aimé avant. Qu'il a offert des fleurs à une autre, qu'il a dit "je t'aime" dans d'autres bras, qu'il a fait des projets, partagé des voyages, prononcé des promesses. Et même si l'on sait, rationnellement, que tout le monde a un passé, l'ombre de celles d'avant peut se faufiler dans nos pensées, nourrissant une comparaison qui fait mal.

On se surprend à scruter ses réactions : "Est-ce qu'il m'aime comme il l'aimait elle ?"

On regarde des photos anciennes en se demandant : "Avait-il le même regard pour elle que pour moi ?"

On cherche des traces, on compare nos corps, nos rires, nos silences. On devient juge de soi, mesurant notre valeur à l'aune de l'invisible.

Mais derrière cette insécurité se cache une peur plus profonde : celle de ne pas suffire. Celle d'être juste "la suivante", jamais "la vraie". On croit à tort qu'être la première, c'est être la plus importante, la plus marquante, celle qui comptera le plus.

Pourtant, la vérité est toute autre. Être la première, ce n'est pas toujours être celle qui reste. Ce n'est pas toujours être celle qu'on aime pleinement, consciemment, mûrement. L'amour, le vrai, celui qui s'inscrit dans la maturité et le choix, vient souvent après. Il vient quand les illusions tombent, quand les blessures ont parlé, quand les leçons ont été apprises.

Tu n'es peut-être pas la première dans sa vie, mais cela ne veut pas dire que tu es moins. Moins belle, moins importante, moins aimée. Tu es celle qu'il a choisie maintenant. Celle avec qui il construit autre chose. Et même si le passé laisse des traces, il ne définit pas ta valeur.

Ce chapitre n'est pas là pour nier les douleurs de cette place. Il est là pour les reconnaître, les nommer, et surtout, pour t'en libérer. Pour que tu comprennes que l'histoire d'avant ne vole rien à la tienne. Que les traces des autres ne peuvent pas effacer l'empreinte unique que tu laisses en lui.

Parce qu'au fond, ce n'est pas une course. Ce n'est pas un concours de mémoire ou de premières fois. Ce qui compte, ce n'est pas l'ordre d'arrivée, mais la vérité du lien. Et cette vérité commence par toi. Par la manière dont tu choisis d'exister, pas comme une suite, mais comme une évidence.

Chapitre 2 : Me choisir dans l'amour

Après le tumulte des pensées, après les comparaisons silencieuses et les blessures invisibles, il reste une chose essentielle : soi. Se choisir. Se retrouver. Se rappeler que notre valeur ne dépend pas d'une chronologie, mais d'une présence. D'une vérité intérieure.

Trop souvent, on attend que l'autre nous rassure. Qu'il dise que c'est différent avec nous. Qu'il nous place au-dessus, qu'il efface les souvenirs, qu'il nous donne l'illusion d'être l'unique. Mais cette attente est un puits sans fond, car elle nous éloigne de la seule certitude solide : notre propre reconnaissance.

Se choisir dans l'amour, c'est d'abord accepter que l'on vienne avec ses doutes, ses peurs, ses histoires. C'est s'autoriser à ressentir sans se juger, puis à transformer ces émotions en force. C'est refuser de se diminuer pour entrer dans un moule. C'est dire : "Je ne suis pas parfaite, mais je suis entière."

Cela signifie aussi sortir de la compétition invisible. Ne plus chercher à être « mieux que », mais pleinement soi. Car à quoi bon vouloir surpasser une image du passé, quand on peut incarner une réalité présente, vivante, profonde ? Il ne s'agit pas d'être plus belle, plus drôle, plus brillante. Il s'agit d'être vraie. D'être alignée. D'être là, sans masque.

Se choisir, c'est poser ses limites. C'est refuser les comparaisons, même subtiles, qui nous blessent. C'est dire : "Je mérite un amour qui regarde vers l'avant, pas un regard qui reste accroché à l'arrière." C'est demander du respect, de l'attention, de la clarté. Ce n'est pas être exigeante : c'est être juste.

C'est aussi apprendre à ne pas vivre à travers le regard de l'autre. Son amour ne valide pas notre valeur. Il l'accompagne. Il la célèbre. Mais il ne la crée pas. Se choisir dans l'amour, c'est ne plus quémander une place, mais occuper la sienne. Avec assurance. Avec douceur. Avec fierté.

Et plus encore : c'est aimer l'autre sans se perdre. Sans se tordre pour correspondre à un souvenir ou à une attente. C'est construire quelque chose de nouveau, sans chercher à réparer ce qui a précédé. Tu n'es pas là pour guérir ses anciennes blessures. Tu es là pour partager, co-créer, vibrer avec lui. Si et seulement si cela se fait dans le respect de qui tu es.

Se choisir, c'est aussi ne pas avoir peur de partir si tu sens que tu es simplement « la suivante », et non une véritable partenaire. Parce que tu ne veux plus être une option, une transition, une répétition. Tu veux être un choix. Clair. Complet. Conscient.

En te choisissant dans l'amour, tu redonnes à ta relation une base saine. Tu ne construis pas à partir de la peur de ne pas suffire, mais depuis la certitude d'être digne. Et ça change tout.

Chapitre 3 : Être aimée pour qui je suis

Être aimée pour qui l'on est... Pas pour combler un vide, pas pour faire oublier une autre, pas pour rassurer un ego blessé. Juste aimée. Vraiment. Profondément. Aimée dans l'authenticité, avec nos couleurs, nos plis, nos particularités.

Il y a une beauté immense dans l'amour qui ne cherche pas à comparer, à réparer ou à remplacer. Un amour qui regarde ici et maintenant. Qui voit l'autre dans sa vérité. Et dans cette vérité, il n'y a pas de place pour la compétition avec le passé.

Quand tu choisis de ne plus porter le poids des histoires d'avant, tu laisses place à ta propre lumière. Celle qui n'a pas besoin d'être la

première, parce qu'elle est entière.
Parce qu'elle suffit.

Tu n'as pas besoin d'effacer les ex
pour briller. Tu n'as pas besoin de
te suradapter pour plaire. Tu n'as
pas besoin d'être "mieux que"
pour mériter l'amour. Être aimée
pour qui tu es, c'est être vue, sans
artifice, et accueillie dans cette
forme unique que tu incarnes.

Parfois, cela demande du courage.
Le courage de se montrer sans

masque. Le courage de dire :
"Voici qui je suis. Je ne suis pas
parfaite, je ne suis pas la
première, mais je suis moi. Et je
mérite d'être aimée comme telle."

Être aimée pour qui l'on est, c'est
aussi être aimée dans nos
fragilités. C'est qu'il reste même
quand on doute, même quand on
vacille, même quand on recule un
peu. C'est qu'il nous choisit,
chaque jour, sans condition liée à

une performance, une beauté figée ou une perfection impossible.

Et toi aussi, tu as le droit de poser cette attente. Tu as le droit d'attendre un amour vrai, simple, engagé. Un amour qui ne fait pas de toi une solution temporaire. Un amour qui t'accueille sans te mettre en concurrence avec les fantômes. Un amour qui te regarde avec une clarté qui dit : "C'est toi. Aujourd'hui. Maintenant. Et c'est suffisant."

Parce qu'en fin de compte, ce qui reste, ce n'est pas celle qui a été la première. C'est celle qui a été vraie. C'est celle avec qui le lien a été sincère, construit dans l'instant, enraciné dans la confiance.

Tu n'es peut-être pas la première, non. Mais tu es toi. Et cela, personne ne peut le faire à ta place.

Être aimée pour qui tu es commence par une seule chose : t'aimer toi-même pour qui tu es. Quand tu t'honores, quand tu cesses de courir après une image, une comparaison, une validation, alors tu attires un amour à ta hauteur. Un amour qui te reconnaît. Un amour qui ne te demande pas d'être autre chose.

Et c'est là que commence la paix. Dans cet espace simple et puissant où tu peux enfin dire :

« Je ne suis pas la première, mais je suis moi. Et c'est largement assez. »

Conclusion : Être soi, c'est assez

Tu es arrivée au bout de ces pages, peut-être avec un peu plus de douceur pour toi-même. Peut-être avec un regard nouveau sur ce que signifie aimer et être aimée, sans chercher à effacer le passé, sans vouloir être plus, ou mieux, que celles qui ont été là avant.

Tu n'as pas à porter le poids des histoires passées. Tu n'as pas à devenir une version plus brillante pour mériter ta place. Tu n'as pas à t'inquiéter d'être comparée, jugée, ou effacée. Parce qu'en réalité, l'amour véritable ne cherche pas de copie. Il cherche un écho. Un lien. Une vérité.

Et cette vérité, c'est toi.

Chaque chapitre que tu vis aujourd'hui écrit une histoire qui ne ressemble à aucune autre. L'amour que tu offres, les rires que tu partages, les silences que tu habites – tout cela est singulier. Et personne, absolument personne, ne peut t'enlever ce que tu es.

Tu ne seras peut-être jamais la première dans sa vie. Mais tu peux être la dernière, celle qui compte vraiment, celle avec qui il choisit d'avancer, jour après jour. Et surtout, tu peux être la tienne, la première à t'aimer, à te respecter, à te reconnaître.

Alors lève la tête, redresse ton cœur. Ne te réduis plus à une place dans une chronologie.
Affirme-le, doucement mais fièrement :
« Je ne suis pas la première. Mais je suis moi. Et cela suffit. »

À toutes celles qui doutent de leur place.
À celles qui se sont comparées, effacées, oubliées.
À celles qui ont cru devoir être "plus" pour être aimées.

Ce livre est pour vous. Pour te rappeler que tu es suffisante, telle que tu es.
Que tu n'as pas besoin d'être la première pour être essentielle.
Et que ta vérité mérite l'amour, sans condition.

Tu es toi. Et c'est magnifique.